Metta sutta

자 비 경

한글사경

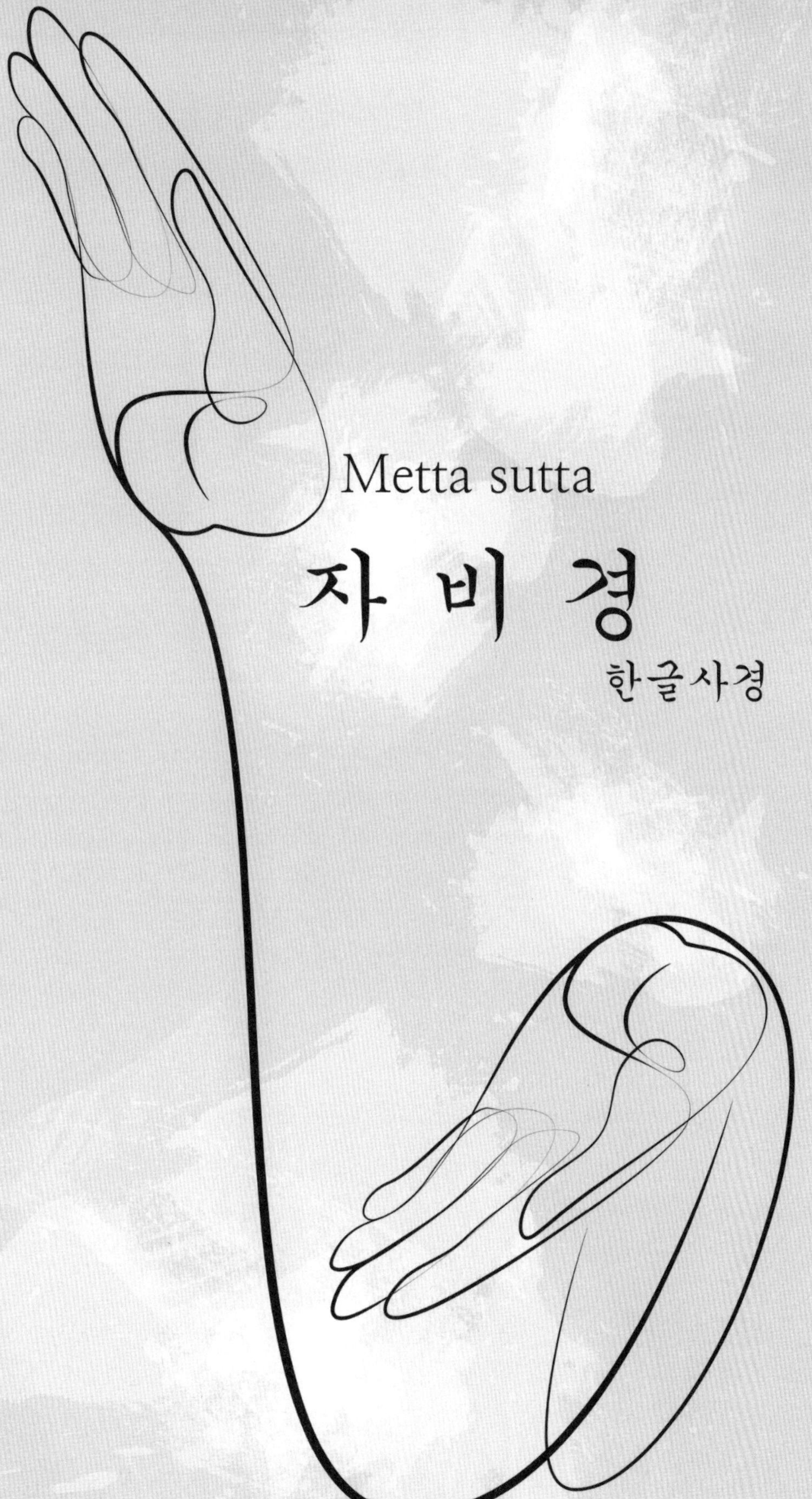

발 원 문

개법장진언
開法藏眞言

옴 아라남 아라다(3번)

자 비 경

[1]열반적정을 구하는 이는 모름지기 철저히 깨달아 정성을 다하고 솔직하며 또한 겸손하고 온화하며 순종하고 복종하라

[2]응당 만족한 줄 알아 늘 즐거워하고 또한 고요하고 소박하며 지혜 있는 이를 터전으로 삼고 가문에 의지하지 마라 [3]조그만 허물도 범하지 않아 어진이의 책

망을 받지 말며 중생이 두려움 없이 행
복하고 안락하기를 원하라 [4]두려워하는
자나 편안한 자나 키가 크거나 살찌
보통 것과 다른 것이나 크거나 작은 여
러 중생들 모두 반드시 길상을 얻어 지
이다 [5]눈으로 볼 수 있는 것이나 볼
수 없는 것이나 사는 곳이 가까운 것
이나 먼 것이나 이미 태어났거나 아직
태어나지 않은 것들 똑같이 반드시 편안
함을 얻어 지이다 [6]서로 속이거나 멸시

하거나 헐뜯지 말며 성내거나 원망하지
말고 다른 이의 고통을 풀어줄 지라 [7]
모든 중생에게 한없는 자비심을 내되 마
치 어머니가 몸을 버려 외아들을 보호하
듯 할지라 [8]윗사람이나 아랫사람이나 이
웃 사람에게 결코 원수를 맺지 말고 더
나아가 세상 모든 중생에게 오직 자비심
을 베풀지라 [9]걸어가거나 머물거나 앉았
거나 누워있을 때 언제나 자비스런 마음
을 가지면 실로 청정한 삶이라 할 수

있으니 이를 위해 정진하고 게으르지 마
라 [10]생각이 사리에 어둡지 않아 세상
모든 일에 탐애심이 없고 계율을 지키고
바른 견해를 가지면 저절로 거듭 윤회에
들지 않으리 (절 21배)

자 비 경

[1]열반적정을 구하는 이는 모름지기 철저히 깨달아 정성을 다하고 솔직하며 또한 겸손하고 온화하며 순종하고 복종하라

[2]응당 만족한 줄 알아 늘 즐거워하고 또한 고요하고 소박하며 지혜 있는 이를 터전으로 삼고 가문에 의지하지 마라

[3]조그만 허물도 범하지 않아 어진이의 책

망을 받지 말며 중생이 두려움 없이 행
복하고 안락하기를 원하라 [4]두려워하는
자나 편안한 자나 키가 크거나 살쪄
보통 것과 다른 것이나 크거나 작은 여
러 중생들 모두 반드시 길상을 얻어 지
이다 [5]눈으로 볼 수 있는 것이나 볼
수 없는 것이나 사는 곳이 가까운 것
이나 먼 것이나 이미 태어났거나 아직
태어나지 않은 것들 똑같이 반드시 편안
함을 얻어 지이다 [6]서로 속이거나 멸시

하거나 헐뜯지 말며 성내거나 원망하지 말고 다른 이의 고통을 풀어줄 지라 [7] 모든 중생에게 한없는 자비심을 내되 마치 어머니가 몸을 버려 외아들을 보호하듯 할지라 [8] 윗사람이나 아랫사람이나 이웃 사람에게 결코 원수를 맺지 말고 더 나아가 세상 모든 중생에게 오직 자비심을 베풀지라 [9] 걸어가거나 머물거나 앉았거나 누워있을 때 언제나 자비스런 마음을 가지면 실로 청정한 삶이라 할 수

있으니 이를 위해 정진하고 게으르지 마
라 [10]생각이 사리에 어둡지 않아 세상
모든 일에 탐애심이 없고 계율을 지키고
바른 견해를 가지면 저절로 거듭 윤회에
들지 않으리 (절 21배)

자 비 경

[1]열반적정을 구하는 이는 모름지기 철
저히 깨달아 정성을 다하고 솔직하며 또
한 겸손하고 온화하며 순종하고 복종하라
[2]응당 만족한 줄 알아 늘 즐거워하고
또한 고요하고 소박하며 지혜 있는 이를
터전으로 삼고 가문에 의지하지 마라 [3]
조그만 허물도 범하지 않아 어진이의 책

망을 받지 말며 중생이 두려움 없이 행복하고 안락하기를 원하라 [4]두려워하는 자나 편안한 자나 키가 크거나 살 쪄 보통 것과 다른 것이나 크거나 작은 여러 중생들 모두 반드시 길상을 얻어 지이다 [5]눈으로 볼 수 있는 것이나 볼 수 없는 것이나 사는 곳이 가까운 것이나 먼 것이나 이미 태어났거나 아직 태어나지 않은 것들 똑같이 반드시 편안함을 얻어 지이다 [6]서로 속이거나 멸시

하거나 헐뜯지 말며 성내거나 원망하지 말고 다른 이의 고통을 풀어줄 지라 [7] 모든 중생에게 한없는 자비심을 내되 마치 어머니가 몸을 버려 외아들을 보호하듯 할지라 [8]윗사람이나 아랫사람이나 이웃 사람에게 결코 원수를 맺지 말고 더 나아가 세상 모든 중생에게 오직 자비심을 베풀지라 [9]걸어가거나 머물거나 앉았거나 누워있을 때 언제나 자비스런 마음을 가지면 실로 청정한 삶이라 할 수

있으니 이를 위해 정진하고 게으르지 마
라 [10] 생각이 사리에 어둡지 않아 세상
모든 일에 탐애심이 없고 계율을 지키고
바른 견해를 가지면 저절로 거듭 윤회에
들지 않으리 (절 21배)

자비경

[1]열반적정을 구하는 이는 모름지기 철저히 깨달아 정성을 다하고 솔직하며 또한 겸손하고 온화하며 순종하고 복종하라

[2]응당 만족한 줄 알아 늘 즐거워하고 또한 고요하고 소박하며 지혜 있는 이를 터전으로 삼고 가문에 의지하지 마라

[3]조그만 허물도 범하지 않아 어진이의 책

망을 받지 말며 중생이 두려움 없이 행
복하고 안락하기를 원하라 [4]두려워하는
자나 편안한 자나 키가 크거나 살 쪄
보통 것과 다른 것이나 크거나 작은 여
러 중생들 모두 반드시 길상을 얻어 지
이다 [5]눈으로 볼 수 있는 것이나 볼
수 없는 것이나 사는 곳이 가까운 것
이나 먼 것이나 이미 태어났거나 아직
태어나지 않은 것들 똑같이 반드시 편안
함을 얻어 지이다 [6]서로 속이거나 멸시

하거나 헐뜯지 말며 성내거나 원망하지
말고 다른 이의 고통을 풀어줄 지라 [7]
모든 중생에게 한없는 자비심을 내되 마
치 어머니가 몸을 버려 외아들을 보호하
듯 할지라 [8] 윗사람이나 아랫사람이나 이
웃 사람에게 결코 원수를 맺지 말고 더
나아가 세상 모든 중생에게 오직 자비심
을 베풀지라 [9] 걸어가거나 머물거나 앉았
거나 누워있을 때 언제나 자비스런 마음
을 가지면 실로 청정한 삶이라 할 수

있으니 이를 위해 정진하고 게으르지 마라 [10]생각이 사리에 어둡지 않아 세상 모든 일에 탐애심이 없고 계율을 지키고 바른 견해를 가지면 저절로 거듭 윤회에 들지 않으리 (절 21배)

자 비 경

[1]열반적정을 구하는 이는 모름지기 철저히 깨달아 정성을 다하고 솔직하며 또한 겸손하고 온화하며 순종하고 복종하라

[2]응당 만족한 줄 알아 늘 즐거워하고 또한 고요하고 소박하며 지혜 있는 이를 터전으로 삼고 가문에 의지하지 마라

[3]조그만 허물도 범하지 않아 어진이의 책

망을 받지 말며 중생이 두려움 없이 행복하고 안락하기를 원하라 [4]두려워하는 자나 편안한 자나 키가 크거나 살쪄 보통 것과 다른 것이나 크거나 작은 여러 중생들 모두 반드시 길상을 얻어 지이다 [5]눈으로 볼 수 있는 것이나 볼 수 없는 것이나 사는 곳이 가까운 것이나 먼 것이나 이미 태어났거나 아직 태어나지 않은 것들 똑같이 반드시 편안함을 얻어 지이다 [6]서로 속이거나 멸시

하거나 헐뜯지 말며 성내거나 원망하지
말고 다른 이의 고통을 풀어줄 지라 [7]
모든 중생에게 한없는 자비심을 내되 마
치 어머니가 몸을 버려 외아들을 보호하
듯 할지라 [8] 윗사람이나 아랫사람이나 이
웃 사람에게 결코 원수를 맺지 말고 더
나아가 세상 모든 중생에게 오직 자비심
을 베풀지라 [9] 걸어가거나 머물거나 앉았
거나 누워있을 때 언제나 자비스런 마음
을 가지면 실로 청정한 삶이라 할 수

있으니 이를 위해 정진하고 게으르지 마라 [10]생각이 사리에 어둡지 않아 세상 모든 일에 탐애심이 없고 계율을 지키고 바른 견해를 가지면 저절로 거듭 윤회에 들지 않으리 (절 21배)

자 비 경

[1]열반적정을 구하는 이는 모름지기 철
저히 깨달아 정성을 다하고 솔직하며 또
한 겸손하고 온화하며 순종하고 복종하라
[2]응당 만족한 줄 알아 늘 즐거워하고
또한 고요하고 소박하며 지혜 있는 이를
터전으로 삼고 가문에 의지하지 마라 [3]
조그만 허물도 범하지 않아 어진이의 책

망을 받지 말며 중생이 두려움 없이 행복하고 안락하기를 원하라 [4]두려워하는 자나 편안한 자나 키가 크거나 살쪄 보통 것과 다른 것이나 크거나 작은 여러 중생들 모두 반드시 길상을 얻어 지이다 [5]눈으로 볼 수 있는 것이나 볼 수 없는 것이나 사는 곳이 가까운 것이나 먼 것이나 이미 태어났거나 아직 태어나지 않은 것들 똑같이 반드시 편안함을 얻어 지이다 [6]서로 속이거나 멸시

하거나 헐뜯지 말며 성내거나 원망하지
말고 다른 이의 고통을 풀어줄 지라 [7]
모든 중생에게 한없는 자비심을 내되 마
치 어머니가 몸을 버려 외아들을 보호하
듯 할지라 [8]윗사람이나 아랫사람이나 이
웃 사람에게 결코 원수를 맺지 말고 더
나아가 세상 모든 중생에게 오직 자비심
을 베풀지라 [9]걸어가거나 머물거나 앉았
거나 누워있을 때 언제나 자비스런 마음
을 가지면 실로 청정한 삶이라 할 수

있으니 이를 위해 정진하고 게으르지 마
라 [10]생각이 사리에 어둡지 않아 세상
모든 일에 탐애심이 없고 계율을 지키고
바른 견해를 가지면 저절로 거듭 윤회에
들지 않으리 (절 21배)

자비경

[1]열반적정을 구하는 이는 모름지기 철
저히 깨달아 정성을 다하고 솔직하며 또
한 겸손하고 온화하며 순종하고 복종하라
[2]응당 만족한 줄 알아 늘 즐거워하고
또한 고요하고 소박하며 지혜 있는 이를
터전으로 삼고 가문에 의지하지 마라 [3]
조그만 허물도 범하지 않아 어진이의 책

망을 받지 말며 중생이 두려움 없이 행
복하고 안락하기를 원하라 [4]두려워하는
자나 편안한 자나 키가 크거나 살 쪄
보통 것과 다른 것이나 크거나 작은 여
러 중생들 모두 반드시 길상을 얻어 지
이다 [5]눈으로 볼 수 있는 것이나 볼
수 없는 것이나 사는 곳이 가까운 것
이나 먼 것이나 이미 태어났거나 아직
태어나지 않은 것들 똑같이 반드시 편안
함을 얻어 지이다 [6]서로 속이거나 멸시

하거나 헐뜯지 말며 성내거나 원망하지 말고 다른 이의 고통을 풀어줄 지라 [7] 모든 중생에게 한없는 자비심을 내되 마치 어머니가 몸을 버려 외아들을 보호하듯 할지라 [8] 윗사람이나 아랫사람이나 이웃 사람에게 결코 원수를 맺지 말고 더 나아가 세상 모든 중생에게 오직 자비심을 베풀지라 [9] 걸어가거나 머물거나 앉았거나 누워있을 때 언제나 자비스런 마음을 가지면 실로 청정한 삶이라 할 수

있으니 이를 위해 정진하고 게으르지 마라 [10]생각이 사리에 어둡지 않아 세상 모든 일에 탐애심이 없고 계율을 지키고 바른 견해를 가지면 저절로 거듭 윤회에 들지 않으리 (절 21배)

자비경

[1]열반적정을 구하는 이는 모름지기 철
저히 깨달아 정성을 다하고 솔직하며 또
한 겸손하고 온화하며 순종하고 복종하라
[2]응당 만족한 줄 알아 늘 즐거워하고
또한 고요하고 소박하며 지혜 있는 이를
터전으로 삼고 가문에 의지하지 마라 [3]
조그만 허물도 범하지 않아 어진이의 책

망을 받지 말며 중생이 두려움 없이 행
복하고 안락하기를 원하라 [4]두려워하는
자나 편안한 자나 키가 크거나 살 쪄
보통 것과 다른 것이나 크거나 작은 여
러 중생들 모두 반드시 길상을 얻어 지
이다 [5]눈으로 볼 수 있는 것이나 볼
수 없는 것이나 사는 곳이 가까운 것
이나 먼 것이나 이미 태어났거나 아직
태어나지 않은 것들 똑같이 반드시 편안
함을 얻어 지이다 [6]서로 속이거나 멸시

하거나 헐뜯지 말며 성내거나 원망하지 말고 다른 이의 고통을 풀어줄 지라 [7]모든 중생에게 한없는 자비심을 내되 마치 어머니가 몸을 버려 외아들을 보호하듯 할지라 [8]윗사람이나 아랫사람이나 이웃 사람에게 결코 원수를 맺지 말고 더 나아가 세상 모든 중생에게 오직 자비심을 베풀지라 [9]걸어가거나 머물거나 앉았거나 누워있을 때 언제나 자비스런 마음을 가지면 실로 청정한 삶이라 할 수

있으니 이를 위해 정진하고 게으르지 마
라 [10]생각이 사리에 어둡지 않아 세상
모든 일에 탐애심이 없고 계율을 지키고
바른 견해를 가지면 저절로 거듭 윤회에
들지 않으리 (절 21배)

자 비 경

[1]열반적정을 구하는 이는 모름지기 철저히 깨달아 정성을 다하고 솔직하며 또한 겸손하고 온화하며 순종하고 복종하라 [2]응당 만족한 줄 알아 늘 즐거워하고 또한 고요하고 소박하며 지혜 있는 이를 터전으로 삼고 가문에 의지하지 마라 [3]조그만 허물도 범하지 않아 어진이의 책

망을 받지 말며 중생이 두려움 없이 행복하고 안락하기를 원하라 [4]두려워하는 자나 편안한 자나 키가 크거나 살쪄 보통 것과 다른 것이나 크거나 작은 여러 중생들 모두 반드시 길상을 얻어 지이다 [5]눈으로 볼 수 있는 것이나 볼 수 없는 것이나 사는 곳이 가까운 것이나 먼 것이나 이미 태어났거나 아직 태어나지 않은 것들 똑같이 반드시 편안함을 얻어 지이다 [6]서로 속이거나 멸시

하거나 헐뜯지 말며 성내거나 원망하지
말고 다른 이의 고통을 풀어줄 지라 [7]
모든 중생에게 한없는 자비심을 내되 마
치 어머니가 몸을 버려 외아들을 보호하
듯 할지라 [8]윗사람이나 아랫사람이나 이
웃 사람에게 결코 원수를 맺지 말고 더
나아가 세상 모든 중생에게 오직 자비심
을 베풀지라 [9]걸어가거나 머물거나 앉았
거나 누워있을 때 언제나 자비스런 마음
을 가지면 실로 청정한 삶이라 할 수

있으니 이를 위해 정진하고 게으르지 마라 [10]생각이 사리에 어둡지 않아 세상 모든 일에 탐애심이 없고 계율을 지키고 바른 견해를 가지면 저절로 거듭 윤회에 들지 않으리 (절 21배)

자비경

[1]열반적정을 구하는 이는 모름지기 철저히 깨달아 정성을 다하고 솔직하며 또한 겸손하고 온화하며 순종하고 복종하라

[2]응당 만족한 줄 알아 늘 즐거워하고 또한 고요하고 소박하며 지혜 있는 이를 터전으로 삼고 가문에 의지하지 마라

[3]조그만 허물도 범하지 않아 어진이의 책

망을 받지 말며 중생이 두려움 없이 행
복하고 안락하기를 원하라 [4]두려워하는
자나 편안한 자나 키가 크거나 살 쪄
보통 것과 다른 것이나 크거나 작은 여
러 중생들 모두 반드시 길상을 얻어 지
이다 [5]눈으로 볼 수 있는 것이나 볼
수 없는 것이나 사는 곳이 가까운 것
이나 먼 것이나 이미 태어났거나 아직
태어나지 않은 것들 똑같이 반드시 편안
함을 얻어 지이다 [6]서로 속이거나 멸시

하거나 헐뜯지 말며 성내거나 원망하지
말고 다른 이의 고통을 풀어줄 지라 [7]
모든 중생에게 한없는 자비심을 내되 마
치 어머니가 몸을 버려 외아들을 보호하
듯 할지라 [8]윗사람이나 아랫사람이나 이
웃 사람에게 결코 원수를 맺지 말고 더
나아가 세상 모든 중생에게 오직 자비심
을 베풀지라 [9]걸어가거나 머물거나 앉았
거나 누워있을 때 언제나 자비스런 마음
을 가지면 실로 청정한 삶이라 할 수

있으니 이를 위해 정진하고 게으르지 마라 [10]생각이 사리에 어둡지 않아 세상 모든 일에 탐애심이 없고 계율을 지키고 바른 견해를 가지면 저절로 거듭 윤회에 들지 않으리 (절 21배)

웃덩 아도 쩌 띠리양 쩌

uddhaṃ adho ca tiriyañ ca

어섭바~ 덩 어웨렁 어서뺏떵

asambādhaṃ averaṃ asapattaṃ

[9] 띳텅 쩌렁 니신노 와~ 서야~ 노 와~

tiṭṭhaṃ caraṃ nisinno vā sayāno vā

야~ 워 뗏서 위거떠 밋도

yāvat' assa vigata-middho

에땅 사띵 아딧테여

etaṃ satiṃ adhiṭṭheyya

브라흐망 에땅 위하~ 렁 이덤아~ 후

brahmam etaṃ vihāraṃ idhaṃ āhu

[10] 딧팅 쩌 안우빼겁마

diṭṭhiñ ca anupagam ma

시일라와~ 덧서네너 섬뺀노

sīlavā dassanena sampanno

까~ 메수 위네이여 게덩

kāmesu vineyya gedhaṃ

너 히 자아뚜 겁버세영 뿌나레띠~ 띠

na hi jātu gabbhaseyyaṃ punar etī'ti

[6] 너 빼로 빼렁 니꿉베터

na paro paraṃ nikubbetha

나아띠망녜터 깟타찌넝 깐찌

위 na^atimaññetha katthacinaṃ kañci

야 로서나 빠띠가 상냐

vyārosanā paṭigha-saññā

나앙냐망냣서 둑컴 잇체이여

na^aññam-aññassa dukkham iccheyya

[7] 마 따 여타 니염 뿟떵

mātā yathā niyaṃ puttaṃ

아 유사 에까뿟떵 아누럭케

āyusā ekaputtaṃ anurakkhe

에왐 삐 섭버 부 떼수

evam pi sabba-bhūtesu

마 너섬 바 워예 아빠리마 넝

mānasam bhāvaye aparimāṇaṃ

[8] 멧땅 쩌 섭버 로꺼스밍

mettañ ca sabba-lokasmiṃ

마아너섬 바 워예 아빠리마 넝

mānasam bhāvaye aparimāṇaṃ

수키노 와~ 케미노 혼뚜

sukhino vā khemino hontu

섭베 섯따~ 버원뚜 수키떳따~

sabbe sattā bhavantu sukhitattā

[4] 예 께찌 빠~ 너 부~ 타앗티

ye keci pāṇa bhūt' atthi

떠사~ 와~ 타~ 워라~ 와~ 안아워세사~

tasā vā thāvarā vā anavasesā

디~ 가~ 와~ 예 마한따~ 와~

dīghā vā ye mahantā vā

맛지마~ 럿서까~ 아누까 투울라~

majjhimā rassakā aṇukathūlā

[5] 딧타~ 와~ 예 와~ 아딧타~

diṭṭhā vā ye vā adiṭṭhā

예 쩌 두~ 레 워선띠 아위두~ 레

ye ca dūre vasanti avidūre

부~ 따~ 와~ 섭바웨시~ 와~

bhūta vā sambhavesī vā

섭베 섯따~ 버원뚜 수키떳따~

sabbe sattā bhavantu sukhitattā

[1] 까러니~영 앗타 꾸살레너

karaṇīyaṃ attha-kusalena

연떵 선떵 빠덩 아비사멧쩌

yantaṃ santaṃ padaṃ abhisamecca

석꼬 우주~ 쩌 수~주~ 쩌

sakko ujū ca sūjū ca

수와쪼 쩟서 무두 안아띠마~니~

suvaco c'assa mudu anatimānī

[2] 선뜻서꼬 쩌 수바로 쩌

santussako ca subharo ca

압빠낏쪼 쩌 설라후까 웃띠

appakicco ca sallahukavutti

선띤드리요 쩌 니빠꼬 쩌

santindriyo ca nipako ca

압빠겁보 꿀레수 안아누깃도

appagabbho kulesu ananugiddho

[3] 너 쩌 쿳덩 서마~쩌레 낀찌

na ca khuddaṃ samācare kiñci

예너 윈뉴~ 빠레 우빠워데융

yena viññū pare upavadeyyuṃ

웃덩 아도 쩌 띠리양 쩌

uddhaṃ adho ca tiriyañ ca

어섬바~ 덩 어웨렁 어서빳떵

asambādhaṃ averaṃ asapattaṃ

[9] 띳텅 쩌렁 니신노 와~ 서야~ 노 와~

tiṭṭhaṃ caraṃ nisinno vā sayāno vā

야~ 워 떳서 위거떠 밋도

yāvat' assa vigata-middho

에땅 사띵 아딧테여

etaṃ satiṃ adhiṭṭheyya

브라흐망 에땅 위하~ 렁 이덤아~ 후

brahmam etaṃ vihāraṃ idhaṃ āhu

[10] 딧팅 쩌 안우빼검마

diṭṭhiñ ca anupagam ma

시일라와~ 덧서네너 섬빤노

sīlavā dassanena sampanno

까~ 메수 위네이여 게덩

kāmesu vineyya gedhaṃ

너 히 자아뚜 겁버세영 뿌나레띠~ 띠

na hi jātu gabbhaseyyaṃ punar etī'ti

[6] 너 빼로 빼랑 니꿉베터

na paro paraṃ nikubbetha

나아띠망녜터 깟타찌낭 깐찌

위 na^atimaññetha katthacinaṃ kañci

야 로서나 빠띠가 상냐

vyārosanā paṭigha-saññā

나앙냐망냣서 둑컴 잇체이여

na^aññam-aññassa dukkham iccheyya

[7] 마따 여타 니염 뿟떵

mātā yathā niyaṃ puttaṃ

아유사 에까뿟떵 아누락케

āyusā ekaputtaṃ anurakkhe

에왐 삐 삽버 부떼수

evam pi sabba-bhūtesu

마너섭 바워예 아빠리마낭

mānasam bhāvaye aparimāṇaṃ

[8] 멧땅 쩌 삽버 로꺼스밍

mettañ ca sabba-lokasmiṃ

마아너섭 바워예 아빠리마낭

mānasam bhāvaye aparimāṇaṃ

수키노 와~ 케미노 혼뚜

sukhino vā khemino hontu

섭베 섯따~ 버원뚜 수키떳따~

sabbe sattā bhavantu sukhitattā

[4] 예 께찌 빠~너 부~타앗티

ye keci pāṇa bhūt' atthi

떠사~ 와~ 타~워라~ 와~ 안아워세사~

tasā vā thāvarā vā anavasesā

디~가~ 와~ 예 마한따~ 와~

dīghā vā ye mahantā vā

맛지마~ 럿서까~ 아누까 투울라~

majjhimā rassakā aṇukathūlā

[5] 딧타~ 와~ 예 와~ 아딧타~

diṭṭhā vā ye vā adiṭṭhā

예 쩌 두~레 워선띠 아위두~레

ye ca dūre vasanti avidūre

부~따~ 와~ 섭바웨시~ 와~

bhūta vā sambhavesī vā

섭베 섯따~ 버원뚜 수키떳따~

sabbe sattā bhavantu sukhitattā

[1] 까러니~영 앗타 꾸살레너

karaṇīyaṃ attha-kusalena

연떵 선떵 빠덩 아비사멧짜

yantaṃ santaṃ padaṃ abhisamecca

석꼬 우주~ 짜 수~주~ 짜

sakko ujū ca sūjū ca

수와쪼 쨋서 무두 안아띠마~니~

suvaco c'assa mudu anatimānī

[2] 선뜻서꼬 짜 수바로 짜

santussako ca subharo ca

압빠낏쪼 짜 설라후까 웃띠

appakicco ca sallahukavutti

선띤드리요 짜 니빠꼬 짜

santindriyo ca nipako ca

압빠겁보 꿀레수 안아누깃도

appagabbho kulesu ananugiddho

[3] 너 짜 쿳덩 서마~짜레 낀찌

na ca khuddaṃ samācare kiñci

예너 윈뉴~ 빠레 우빠워데융

yena viññū pare upavadeyyuṃ

웃덩 아도 쩌 띠리양 쩌

uddhaṃ adho ca tiriyañ ca

어섬바ᷦ덩 어웨렁 어서뺏떵

asambādhaṃ averaṃ asapattaṃ

[9] 띳텅 쩌렁 니신노 와ᷦ 서야ᷦ노 와ᷦ

tiṭṭhaṃ caraṃ nisinno vā sayāno vā

야ᷦ워 떳서 위거떠 밋도

yāvat' assa vigata-middho

에땅 사띵 아딧테여

etaṃ satiṃ adhiṭṭheyya

브라흐망 에땅 위하ᷦ렁 이덤아ᷦ후

brahmam etaṃ vihāraṃ idhaṃ āhu

[10] 딧팅 쩌 안우빠검 마

diṭṭhiñ ca anupagam ma

시일라와ᷦ 덧서네너 섬뺀노

sīlavā dassanena sampanno

까ᷦ메수 위네이여 게덩

kāmesu vineyya gedhaṃ

너 히 자아뚜 겁버세영 뿌나레띠ᷦ 띠

na hi jātu gabbhaseyyaṃ punar etī'ti

[6] 너 빠로 빠랑 니꿉베터

na paro paraṃ nikubbetha

나아띠망녜터 깟타찌낭 깐찌

na^atimaññetha katthacinaṃ kañci

위
야 로서나 빠띠가 상냐

vyārosanā paṭigha-saññā

나앙냐망냣서 둑컴 잇체이여

na^aññam-aññassa dukkham iccheyya

[7] 마따 여타 니염 뿟떵

mātā yathā niyaṃ puttaṃ

아유사 에까뿟떵 아누럭케

āyusā ekaputtaṃ anurakkhe

에왐 삐 섭버 부떼수

evam pi sabba-bhūtesu

마너섬 바웨예 아빠리마넝

mānasam bhāvaye aparimāṇaṃ

[8] 멧땅 짜 섭버 로꺼스밍

mettañ ca sabba-lokasmiṃ

마아너섬 바웨예 아빠리마넝

mānasam bhāvaye aparimāṇaṃ

수키노 와~ 케미노 혼뚜

sukhino vā khemino hontu

섭베 섯따~ 버원뚜 수키떳따~

sabbe sattā bhavantu sukhitattā

[4] 예 께찌 빠~ 너 부~ 타앗티

ye keci pāṇa bhūt' atthi

떠사~ 와~ 타~ 워라~ 와~ 안아워세사~

tasā vā thāvarā vā anavasesā

디~ 가~ 와~ 예 마한따~ 와~

dīghā vā ye mahantā vā

맛지마~ 랏서까~ 아누까 투울라~

majjhimā rassakā aṇukathūlā

[5] 딧타~ 와~ 예 와~ 아딧타~

diṭṭhā vā ye vā adiṭṭhā

예 쩌 두~ 레 워선띠 아위두~ 레

ye ca dūre vasanti avidūre

부~ 따~ 와~ 섭바웨시~ 와~

bhūta vā sambhavesī vā

섭베 섯따~ 버원뚜 수키떳따~

sabbe sattā bhavantu sukhitattā

[1] 까러니~영 앗타 꾸살레너

karaṇīyaṃ attha-kusalena

연떵 선떵 빠덩 아비사멧쩌

yantaṃ santaṃ padaṃ abhisamecca

석꼬 우주~ 쩌 수~주~ 쩌

sakko ujū ca sūjū ca

수와쪼 쨋서 무두 안아띠마~니~

suvaco c'assa mudu anatimānī

[2] 선뜻서꼬 쩌 수바로 쩌

santussako ca subharo ca

압빠낏쪼 쩌 설라후까 웃띠

appakicco ca sallahukavutti

선띤드리요 쩌 니빠꼬 쩌

santindriyo ca nipako ca

압빠겁보 꿀레수 안아누깃도

appagabbho kulesu ananugiddho

[3] 너 쩌 쿳덩 서마~쩌레 낀찌

na ca khuddaṃ samācare kiñci

예너 윈뉴~ 빠레 우빠워데윰

yena viññū pare upavadeyyuṃ

자비경 한글사경

1쇄: 2018년 10월 31일
2쇄: 2018년 12월 20일

옮긴이: 연관 스님

편집: 김계윤
그림: 김계윤
펴낸 곳: 피안가는 길
전자 메일: quench01@naver.com
블로그: https://blog.naver.com/quench01

인쇄:한아문화사

ISBN: 9791196510589 13220
값: 4500원